Matthaeus 6:19-21

Timo Schöber
Sannaste Bera (Hrsg.)

Matthaeus 6:19-21

*Vom Loslassen
und Askese*

ISBN: 9783749468683

Herstellung und Verlag: BoD –
Books on Demand, Norderstedt

Ich widme dieses Buch
dem lieben Gott.

Inhalt

1. Vorwort

Dieses Buch ist in der Erstellung innerhalb eines Tages entstanden. Das war auch ein Ziel dieses Werkes, denn es sollte einen langwierigen Prozess dokumentieren, dabei aber möglichst direkt und ohne viele Nacharbeiten funktionieren.

Außerdem habe ich versucht das Buch im Text möglichst kurz zu halten, allerdings ohne dabei am Gehalt der Aussagen zu sparen.

Darüber hinaus werde ich, da wo es sinnvoll ist, Bibelstellen einfügen.

Aber worum geht es in diesem Buch?

Dieses Buch befasst sich mit meiner Suche nach einer obersten Wahrheit, dem philosophischen und theologischen Ziel aller Ziele.

Dabei werde ich darlegen, wie für mich alles begonnen hat, wie der Weg gewesen ist, was für mich das Ziel ausmacht und warum das Ganze ein fortwährender Prozess ist.

Dabei werde ich auch zeigen, dass Menschen sich sehr oft von den falschen Dingen abhängig machen, vorwiegend davon, was andere Menschen über sie denken oder wie viel sie an Besitz angehäuft haben.

In einer Gegenwart des Instagram, Twitter oder Facebook, fokussieren sich viele Menschen auf die falschen Dinge. Auch im täglichen Leben orientieren sie sich viel zu oft an dem, was andere Menschen von ihnen halten — ganz gleich, ob im Beruf, dem persönlichen Umfeld oder anderswo.

Mein Weg hat mich durch viele Bücher, Ideen, Konstrukte und Inhalte zu einem hohen Maß an Gelassenheit geführt. Diesen Weg möchte ich gerne dokumentieren. Die Veröffentlichung als Buch erschien mir sinnvoll, weil das Buch so nachhaltig erhalten bleibt und archiviert wird.

Nun wünsche ich Ihnen und Euch aber viel Spaß beim Lesen.

Timo Schöber

2. Rastlosigkeit

Seit meinen frühesten Er-
innerungen verspüre ich
eine gewisse Verbunden-
heit zu etwas „Höherem",
häufig als „Gott" bezeich-
net. Ich konnte diese Ver-
bindung nie vollends grei-
fen, wusste aber, dass sie
da gewesen ist. Schließ-
lich wusste ich unabhän-
gig von äußeren Einflüs-
sen, dass da „mehr" sein
musste.

Ich war dabei immer auf
der Suche nach dem Was,
dem Warum und dem
Wie. Ich habe das Glück,
dass ich in einem sehr lie-
bevollen und tollen Zuhau-
se aufgewachsen bin, so-

dass ich mich immer frei entfalten konnte.

Meine Suche begann, wie es für westliche Länder vermutlich typisch ist, in christlichen Kirchen. Gerade Kindergottesdienste und meine Konfirmationszeit haben mir sehr viel gegeben. Das ist eine Zeit, die ich ganz klar nicht missen möchte.

Bis heute ist das Christentum für mich eine Art „theologisches Wahrheitsfundament", allerdings war mir das irgendwann nicht mehr genug. Also begann ich weiter zu suchen und meinen Blick in religiösen Themen deutlich zu erweitern.

„Mein Kind, so du willst meine Rede annehmen und meine Gebote bei dir behalten, daß dein Ohr auf Weisheit achthat und du dein Herz mit Fleiß dazu neigest; ja, so du mit Fleiß darnach rufest und darum betest; so du sie suchest wie Silber und nach ihr froschest wie nach Schätzen: alsdann wirst du die Furcht des HERRN verstehen und Gottes Erkenntnis finden. Denn der HERR gibt Weisheit, und aus seinem Munde kommt Erkenntnis und Verstand. Er läßt's den Aufrichtigen gelingen und beschirmt die Frommen und behütet die, so recht tun, und bewahrt den Weg seiner Heiligen. Alsdann wirst du verste-

15

hen Gerechtigkeit und Recht und Frömmigkeit und allen guten Weg. Denn Weisheit wird in dein Herz eingehen, daß du gerne lernst;"
Sprüche 2:1-22

Neben dem für mich nach wie vor wichtigsten Buch der Welt, der Bibel, begann ich viele religiöse Texte zu lesen und mich umfassend mit theologischen Themen zu beschäftigen.

Buddhismus, Hinduismus, Judentum, Islam, Bahai, zentralasiatische und fernöstliche Religionen, Synkretismus, Gnostizismus, Sikhismus, Spirituelles Christentum, Bibelforscherbewegung, Neuoffenbarer, Zoroastrismus und viele weitere Religionen standen auf meiner To-Do-Liste.

Ich las unter anderem Werke von René Descartes, William James, Ludwig Wittgenstein, Winfried Löffler, Edward B. Tylor, Nathan Söderblom, Martin Luther, Immanuel Kant, Anselm von Canterbury, Gottlob Frege, Karl Popper, Karl Rahner, Blaise Pascal, Rudolf Carnap, David Hume und vieler weiterer Denker, Philosophen, Wissenschaftler und Theologen.

Je mehr ich las, desto mehr wuchs in mir die Erkenntnis, dass eine für mich erfahrbare oberste

Wahrheit nicht in Büchern liegen konnte. Zumindest nicht im Ergebnis, allenfalls als Fundament.

„Lehre mich heilsame Sitten und Erkenntnis; den ich glaube deinen Geboten."
Psalm 119:66

Meine Rastlosigkeit in dem Suchen nach der Wahrheit, war fortwährend vorhanden. Ich dachte ständig über Erkenntnis, Ideen und mögliche Lösungen nach. Dabei baute ich auch eigene Ideen und Konstrukte aus, vor allem in meinem im Jahre 2010 erschienen Erstlingswerk Gedanken eines Rastlosen.

Eines war klar: Aus dem unendlichen Fundus an Möglichkeiten galt es, effektiv und möglichst zeitnah eine Lösung für mich zu finden. Denn Wahrheit, so wusste ich, war in irgendeiner Weise auch individuell. Deswegen hatte es mir immer fern gelegen, andere Religionen oder Philosophien zu verurteilen oder herabzuwürdigen. Nicht, weil ich sie tolerieren würde. Toleranz geht da nicht weit genug, ist sie doch lediglich die Duldung von etwas Unangenehmen. Andere Lösungen waren mir aber nie unangenehm. Ich respektierte sie. Dennoch muss ich für mich selbst eine Selektion vornehmen.

Dazu mehr im folgenden Kapitel dieses Buches.

3. Auswahl

Vor allem bei den großen Religionen hatte das Christentum, vor allem in seiner evangelischen Ausprägung beziehungsweise den meisten dieser Varianten, allen anderen theologischen Konstrukten eines voraus: Auf Liebe basierende Vergebung.

Vor allem Martin Luther und Jan Hus sind für mich herausragende Ideengeber im Hinblick auf diesen Aspekt. Ein Aspekt, der zwar seit zweitausend Jahren in der Bibel schlummert, aber nie ganz ans Licht der Welt gezogen worden ist.

Im Grunde lässt sich der Kern des christlichen Gedankens auf eine einfache Aussage reduzieren: Der Mensch ist schwach und sündhaft. Das lässt sich relativ leicht verifizieren, wenn man sich einfach einmal die Welt anschaut. Gott liebt die Menschen aber so sehr, dass er einen Teil seiner selbst geopfert hat, um die Menschen für alle Zeit von ihren Sünden rein zu waschen. Im Grunde ist das Christentum für mich der Inbegriff von Allvergebung – und da gehe ich noch weiter als zum Beispiel Martin Luther. Für mich ist Vergebung bedingungslos, weil die Liebe Gottes größer ist als der Mensch zu denken im Stande wäre.

Dieser Kern der Religion ist für mich sehr wichtig. Ergänzen würde ich ihn um eine Abwandlung der Ideen von Johannes Calvin. Eine doppelte Prädestination, also die Vorherbestimmung eines Menschen zur Errettung oder Verdammnis noch vor der Geburt, halte ich für falsch, vor allem, weil sie in meinen Augen sehr paradox zur biblischen Allvergebung ist.

Dennoch weiß ich, wie im Buch bereits geschrieben, schon sehr lange, dass da „mehr" sein muss. In irgendeiner Form muss dies also schon vor meiner Geburt „in mich gepflanzt" worden sein. Ich glaube also einerseits an eine Allvergebung für alle Menschen, andererseits bin ich aber auch überzeugt davon, dass einige wenige Menschen von Gott zusätzlich berücksichtigt worden sind.

Auch andere Religionen bestärkten mich in diesem Gedanken, beispielsweise einige hinduistische Strömungen, aber auch atheistische Religionen wie der Buddhismus, der zwar keinen Gott kennt, aber doch Ideen wie Karma oder Wiedergeburt, die in irgendeiner Weise auch meine Überzeugung tangieren.

„Denn so spricht der HERR HERR: Siehe, ich will mich meiner Herde selbst annehmen und sie suchen. Wie ein Hirte seine Schafe sucht, wenn sie von seiner Herde verirrt sind, also will ich meine Schafe suchen und will sie erretten von allen Örtern, dahin sie zerstreut waren zur Zeit, da es trüb und finster war."

Hesekiel 34:11-12

4. Eigenes

Wie bereits angedeutet, ist das Ergebnis meiner Suche, die immerhin über dreißig Jahre gedauert hat, auf folgende Grundpfeiler ausgerichtet:

1. Gott liebt ALLE Menschen, ganz gleich, was sie getan haben. Alle Menschen sind aufgrund des Opfers, das Gott gebracht hat, errettet.

2. Gott ist allmächtig, allgegenwärtig, allwissend, allgütig und ewig.

3. Es gibt zwei Gruppen von Menschen:
- Menschen, die errettet sind

- Menschen, die von Gott zu „mehr" bestimmt sind

Die Indizien, zu welcher Gruppe ein Mensch gehört, sind hochkomplex und ergeben sich aus dem Lebenslauf eines Menschen, allerdings nicht aus weltlichem Erfolg oder Ähnlichem.

4. Nichts Weltliches ist wichtig.

5. Die Meinung anderer Menschen ist nicht wichtig, sondern nur die Gottes.

6. Respekt vor anderen Meinungen, Ansichten und Überzeugungen bringt die Menschen einander näher.

7. Alles Weltliche ist vergänglich.

8. Die Indizien selbst sind abschließend nicht von Relevanz, sondern sie dienen nur als Fingerzeig des eigenen Platzes, der bereits von Anfang an, vor allem Sein, von Gott festgelegt worden ist.

„Ihr sollt euch nicht Schätze sammeln auf Erden, da sie die Motten und der Rost fressen und da die Diebe nachgraben und stehlen. Sammelt euch aber Schätze im Himmel, da sie weder Motten noch Rost fressen und da die Diebe nicht nachgraben noch stehlen. Denn wo

euer Schatz ist, da ist auch euer Herz.“
Matthaeus 6:19-21

5. Feuerprobe

In der Theorie lassen sich eigene Überzeugungen immer leicht vertreten. Spannend wird es erst, wenn diese Überzeugungen auf die Probe gestellt werden.

In meiner Heimatstadt kam es im Juli 2019 zu einem heftigen Starkregen. Es ist so viel Wasser in kurzer Zeit vom Himmel gefallen, wie noch nie zuvor.

In der Folge sind viele Keller vollgelaufen, Straßen wurden zerstört und Häuser beschädigt.

Quasi mein kompletter weltlicher Besitz befand sich in einem Keller. Vieles ist zerstört worden. Auch mussten die Dinge schnell entsorgt werden, um keinen Schimmel im Keller zu haben. Dementsprechend habe ich vieles weggeworfen, unter anderem nicht nur analoge Güter, sondern auch digitalen Besitz, also zum Beispiel Zettel, auf denen die Passwörter von einigen meiner Online-Accounts gestanden haben. Aufgrund des Zeitfaktors und auch der körperlich anstrengenden Arbeit, habe ich irgendwann nicht mehr gefiltert, sondern Dinge schlicht entsorgt. Je mehr ich wegwarf, desto mehr bemerkte ich aber, wie egal mir die Sachen im tiefsten Herzen eigentlich gewesen sind.

Das hat mich in der Überzeugung bestärkt, dass mein Weg der richtige für mich ist. Ich war trotz der Situation ruhig, gelassen und – so paradox das auch klingen mag – fröhlich, wie ich es eigentlich immer bin.

6. Ruhe

Im Ergebnis steht seither eine tiefe Ruhe in meinen Gedanken. Ich bin nicht mehr rastlos, sondern ich weiß, was richtig ist. Meinungen von Menschen, irdischer Besitz und weltliche Titel oder Erfolge sind mir nicht mehr wichtig. Sie waren es auch schon zuvor seit Langem nicht mehr, aber nun hatte ich für mich die ganz praktische Bestätigung.

7. Nachwort

Ich habe auf die Uhr geschaut. Das Buch ist mit einer Pause innerhalb von 1,5 Stunden entstanden. Ich hoffe und glaube, dass es vielleicht hilft, bei dem Leser ein Bewusstsein und Filter zu schaffen, was von Belang ist und was nicht.

Dennoch möchte ich nicht unerwähnt lassen, dass ich keinen Anspruch darauf habe, die alleingültige Wahrheit zu besitzen. Das ist ein Fehler, den viele Religionen haben. Vielmehr hoffe, dass meine Überzeugungen schlüssig sind und den einen oder anderen zum Nachdenken gebracht haben – wobei mir das eigentlich ja nicht so wichtig ist. ;-)

Vielen Dank fürs Lesen!

Ihr und Euer,
Timo Schöber

Dieses Buch gilt nicht als Buch.